100 LIÇÕES DE LIDERANÇA DOS MAIORES LÍDERES DE TODOS OS TEMPOS

ORGANIZADO POR LESLIE POCKELL COM ADRIENNE AVILA

Traduzido por Julia Debasse

100 LIÇÕES DE LIDERANÇA DOS MAIORES LÍDERES DE TODOS OS TEMPOS

Rio de Janeiro, 2015
1a edição

Versal Editores

INTRODUÇÃO

Liderar é uma questão de inteligência, confiança, humanidade, coragem e disciplina. Confiar apenas na inteligência resulta em rebeldia. Exercitar apenas a humanidade resulta em fraqueza. Obstinação em confiança resulta em loucura. Depender da força da coragem resulta em violência. O excesso de disciplina e severidade na liderança resulta em crueldade. A pessoa que reúne todas essas virtudes, cada uma desempenhando sua função, pode ser um líder.

Sun Tzu

O livro *A Arte da Guerra*, de Sun Tzu, foi escrito originalmente como uma obra sobre estratégia militar e filosofia. Mesmo assim, após mais de 2000 anos, a descrição de Sun Tzu dos atributos que caracterizam um líder bem-sucedido permanece válida em qualquer âmbito – na guerra, na política, nos negócios ou em qualquer empreendimento que exija habilidade para inspirar e mobilizar os esforços de um grupo em prol de um objetivo em comum.

Tomando os atributos listados por Sun Tzu como ponto de partida, este livro foi dividido em cinco capítulos, cada um com vinte citações que apresentam diferentes perspectivas sobre os requisitos para a liderança. O leitor atento notará que alguns princípios parecem dialogar com citações em outros capítulos do livro; no capítulo sobre Confiança, por exemplo, temos a citação de Douglas MacArthur que diz: "Nunca dê uma ordem que não possa ser obedecida"; enquanto no capítulo sobre Disciplina vemos estas palavras de Sófocles: "O que não puderes cumprir, não ordenes". À primeira vista, essas frases parecem ter a mesma intenção, mas não é bem assim: Sófocles põe o foco no líder e MacArthur nos liderados. Nessa conjunção de princípios similares, e por vezes até conflitantes, a imagem tridimensional do líder deve surgir.

Que tipo de pessoa seria, teoricamente, o líder exemplar?

O líder exemplar tem a inteligência para entender as sutilezas e a complexidade do papel de liderança: não basta ter um título e deter a autoridade de líder para agir como um. O próprio conceito de liderança é subjetivo, e por isso há tantos tipos e graus de liderança na sociedade e nos negócios. O líder exemplar entende o significado de liderar e de ser liderado.

Ele tem consciência da responsabilidade mútua do líder e do liderado: sabe que deve haver confiança e apoio entre os dois. Um líder que não tem o senso de humanidade só lidera em virtude de sua posição superior, ao passo que um grande líder inspira mais pela força do caráter e dos princípios do que pelo medo e pela intimidação.

O líder exemplar também é uma pessoa em que se pode confiar. As descrições sobre o rei Carlos II, da Inglaterra, contam que era uma pessoa "em cuja palavra ninguém confia". Não obstante sua astúcia, ele não entrou para a história como um grande líder; nunca confiou em ninguém e ninguém confiava nele. A confiança e a credibilidade baseiam-se na necessidade de interdependência. Se um líder perde a confiança de seus liderados, estes não irão mais segui-lo; se um líder não consegue confiar na habilidade de seus liderados, o resultado será catastrófico. É impossível liderar sozinho, esta ideia é absurda.

O líder bem-sucedido é corajoso, mas não só no sentido físico. Ele toma muitas decisões solitariamente, mesmo que tenha inúmeros conselheiros. O líder exemplar é alguém que, voluntariamente, abarca a responsabilidade de avançar ou recuar e aceita as consequências de tais atitudes. Se o líder não for visto como uma pessoa que possui coragem para agir em favor de todos, ele perderá a confiança do grupo e, em última instância, seu próprio posto de líder.

Por fim, o líder exemplar deve impor a disciplina, no sentido clássico de indicar o caminho certo aos liderados. A disciplina não se resume ao simples controle e punição dos que não seguem as instruções. Disciplina é orientação, estrutura, treinamento, e sem ela ninguém pode liderar efetivamente.

Sun Tzu assinalou que cada uma das qualidades que considera essenciais para a liderança podem conduzir ao excesso e à violência. Somente ao estabelecer um equilíbrio entre essas qualidades o líder consegue atingir a eficácia máxima. Esperamos que, ao ler e contemplar os princípios apresentados neste livro, você possa encontrar o seu próprio caminho para a liderança.

LESLIE POCKELL E ADRIENNE AVILA

SUMÁRIO

PARTE 1

INTELIGÊNCIA

Muitas pessoas pensam sobre como os outros devem mudar; poucas pensam sobre como elas mesmas devem mudar.

LIEV TOLSTÓI

É impressionante como muitas preocupações desaparecem quando você decide não ser algo, mas alguém.

COCO CHANEL

Só existe um verdadeiro treinamento para a liderança: a liderança.

ANTONY JAY

O líder máximo é o que se dispõe a desenvolver seus liderados a ponto de o superarem em conhecimento e habilidade.

FRED A. MANSKE

Um verdadeiro líder não busca o consenso, ele o cria.

MARTIN LUTHER KING JR.

Não siga os caminhos já percorridos; abra seu próprio caminho e deixe uma trilha.

RALPH WALDO EMERSON

Planejamento e prudência são as qualidades próprias de um líder.

TÁCITO

Um verdadeiro líder sempre guarda no bolso um elemento surpresa que os outros não apreendem, mas que mantém o público entusiasmado e perplexo.

CHARLES DE GAULLE

Os que sabem como vencer são mais numerosos do que os que sabem usar suas vitórias da forma correta.

POLÍBIO

Se um navegador não sabe a que porto se dirige, nenhum vento soprará a seu favor.

SÊNECA

Eu achava que administrar uma empresa era como reger uma orquestra sinfônica. Mas percebi que não é bem assim; é como o jazz: há mais improvisação.

WARREN BENNIS

O melhor método para avaliar a inteligência de um governante é ver os homens que ele tem à sua volta.

NICOLAU MAQUIAVEL

Um executivo que conhece suas qualidades e seus defeitos como líder provavelmente será mais eficaz do que um que não os conhece. Ele também está a caminho da humildade – esta postura inestimável de abertura para a vida, que ajuda a assimilar erros, fracassos ou fraquezas pessoais.

JOHN ADAIR

Gestão é a escalada eficaz dos degraus do sucesso; liderança é o que determina se a escada está apoiada na parede certa.

STEPHEN R. COVEY

Uma prova de liderança é identificar um problema antes que ele se torne uma emergência.

ARNOLD GLASOW

Nada é mais desmoralizante do que um líder que não consegue articular claramente o motivo de se estar fazendo o que se está fazendo.

JAMES KOUZES E BARRY POSNER

Não existe erro maior que estar sempre certo.

SAMUEL BUTLER

Você pode usar todos os dados quantitativos que tiver ao seu dispor, mas ainda assim terá que desconfiar deles e usar sua inteligência e seu discernimento.

ALVIN TOFFLER

Um líder é aquele que vê mais do que os outros, que vê mais longe do que os outros e que vê antes dos outros.

LEROY EIMS

Os grandes espíritos sempre enfrentaram oposição agressiva dos medíocres. Estes não conseguem compreender um homem que não se rende de forma obediente aos preconceitos herdados, e sim usa sua inteligência de forma honesta e corajosa.

ALBERT EINSTEIN

PARTE 2

CONFIANÇA

Devemos ser a mudança que queremos ver no mundo.

MAHATMA GANDHI

Um bom líder não pode estar muito à frente dos que o seguem.

FRANKLIN D. ROOSEVELT

Nunca dê uma ordem que não possa ser obedecida.

DOUGLAS MACARTHUR

Não posso delegar controle sobre os outros a um homem que não sabe se controlar.

ROBERT E. LEE

Nenhum homem é sábio o bastante por si só.

PLAUTO

Nenhum homem pode ser um grande líder se quiser fazer tudo sozinho, ou receber todo o mérito por isso.

ANDREW CARNEGIE

Não é preciso ocupar um cargo para ser um líder.

ANTHONY D'ANGELO

Até hoje não encontrei um homem que, independentemente de quão elevado seja o seu cargo, não tenha trabalhado melhor e se dedicado mais em uma atmosfera de aprovação do que em uma de críticas.

CHARLES SCHWAB

Jamais contrate ou promova de acordo com a sua imagem e semelhança. É tolice duplicar suas qualidades e idiotice duplicar seus defeitos. É vital empregar, confiar e recompensar os que tenham visão, habilidade e discernimento radicalmente diferentes dos seus. Mas também é raro, pois isso exige humildade, tolerância e sabedoria acima do normal.

DEE W. HOCK

Ajude os outros a progredir. Você sempre se erguerá mais alto carregando alguém nos seus ombros.

BOB MOAWAD

Os líderes mais eficientes nunca dizem “eu”. Não porque tenham treinado para não dizer “eu”, mas porque eles não pensam em termos de “eu”. Eles pensam em “nós”; eles pensam em “equipe”. Entendem que seu trabalho é fazer a equipe funcionar. Aceitam a responsabilidade e não fogem dela, mas é o “nós” que recebe o mérito.

É isso o que cria a confiança, o que permite ao líder cumprir o seu papel.

PETER F. DRUCKER

É importante que uma meta nunca seja estabelecida em termos de atividades ou métodos. Ela deve estar sempre diretamente relacionada a maneiras de melhorar a vida de todos.

A meta de um sistema deve ser clara para todos que fazem parte dele. A meta deve incluir planos para o futuro. A meta é um juízo de valor.

W. EDWARDS DEMING

Trate as pessoas como se elas fossem quem deveriam ser e você contribuirá para que se tornem quem elas são capazes de ser.

JOHANN WOLFGANG VON GOETHE

Uma forma de avaliar um líder é pelo valor das pessoas que escolhem segui-lo.

DENNIS A. PEER

Um verdadeiro líder deve manter uma autêntica política de "portas abertas", para que ninguém tenha medo de se aproximar dele.

HAROLD GENEEN

Liderança é fazer as pessoas trabalharem por você quando elas não são obrigadas a isso.

FRED SMITH

Um líder lidera pelo exemplo, propositalmente ou não.

ANÔNIMO

Delegar trabalho funciona, mas só quando quem delega também trabalha.

ROBERT HALF

Líderes são mercadores de esperança.

NAPOLEÃO

A primeira responsabilidade de um líder é definir a realidade. A última é dizer "obrigado". Entre uma e outra, o líder é um servo.

MAX DE PREE

Líderes precisam estar próximos o bastante de seus liderados para se relacionar com eles; e à frente o bastante para motivá-los.

JOHN MAXWELL

Se eu enxerguei mais longe foi porque estava sobre os ombros de gigantes.

ISAAC NEWTON

PARTE 3

HUMANIDADE

Um líder pouco experiente é sempre severo.

ÉSQUILO

Seja gentil, pois cada pessoa que você encontra está travando uma árdua batalha.

PLATÃO

Para liderar as pessoas, caminhe ao lado delas.

Os melhores lideres são aqueles que as pessoas não notam.
O bom líder é quem elas honram e louvam.
O mau líder é temido;
E o pior líder é odiado.

Quando o melhor líder termina seu trabalho as pessoas dizem "Fomos nós que fizemos!"

LAO-TSÉ

Não se deve liderar batendo na cabeça das pessoas – isso é agressão, e não liderança.

DWIGHT D. EISENHOWER

Liderança é uma combinação de estratégia e caráter. Se você tiver que escolher entre as duas, dispense a estratégia.

H. NORMAN SCHWARZKOPF

Liderar consiste em resolver problemas. No dia em que não lhe contarem mais seus problemas você perdeu a liderança sobre os seus soldados. Eles perderam a confiança em você ou concluíram que você não se importa. Nos dois casos há um fracasso de liderança.

KARL POPPER

Comete grave erro quem crê que a autoridade baseada na força é mais firme ou melhor estabelecida do que a autoridade forjada na afeição.

TERÊNCIO

Lidere e inspire as pessoas. Não tente controlá-las ou manipulá-las. Estoques podem ser controlados, mas pessoas precisam ser lideradas.

ROSS PEROT

Lá vai o meu povo. Preciso descobrir para onde eles estão indo para que eu possa liderá-los.

ALEXANDRE AUGUSTE LEDRU-ROLLIN

As pessoas perguntam qual é a diferença entre um líder e um chefe... O líder lidera, o chefe dirige.

THEODORE ROOSEVELT

O chefe dirige sua equipe; o líder a prepara.
O chefe depende da autoridade; o líder, da boa vontade.
O chefe inspira medo; o líder inspira entusiasmo.
O chefe diz "eu"; o líder diz "nós".
O chefe encontra os culpados por uma falha; o líder encontra a solução.
O chefe diz "vá"; o líder diz "vamos!".

GORDON SELFRIDGE

A maior prova de virtude é ter poder ilimitado e não abusar dele.

THOMAS BABINGTON MACAULAY

Você deseja subir? Comece descendo. Você planeja construir uma torre que irá atravessar as nuvens? Assente primeiro a fundação da humildade.

SANTO AGOSTINHO

Para fazer o fogo arder, você precisa atiçar a brasa. Para manter sua empresa acesa, é fundamental encontrar e motivar os líderes ou os que têm potencial para liderar, independentemente da posição que ocupam.

DEXTER YAGER

Conhecimento sozinho não basta para se alcançar o resultado desejado. É preciso ter a rara habilidade de ensinar e motivar. Eis o que define um líder; se você não sabe ensinar e motivar, não pode liderar.

JOHN WOODEN

Líderes dedicam atenção às coisas abstratas: pessoas, valores, caráter, comprometimento, uma causa. Teoricamente, essas coisas são piegas demais para terem importância nos negócios. No entanto, um líder de verdade se preocupa sempre e antes de tudo com isso. Por esse motivo a liderança é uma arte e não uma ciência.

TOM PETERS

Ninguém ascende a baixas expectativas.

CALVIN LLOYD

O líder deve ser prático e realista, mas, ao mesmo tempo, deve saber falar a língua do visionário e do idealista.

ERIC HOFFER

PARTE 4

CORAGEM

Abraham Lincoln não foi a Gettysburg com uma pesquisa encomendada sobre o que deveria dizer em Gettysburg. Não havia pessoas lhe mostrando porcentagens, aconselhando-o sobre grupos demográficos ou sobre a pesquisa de boca de urna do ano anterior. Quando teremos a coragem de Lincoln?

ROBERT COLES

Você tem que pular de precipícios o tempo todo
e criar asas enquanto cai.

RAY BRADBURY

O problema é que quando você não arrisca nada você arrisca ainda mais.

ERICA JONG

Em matéria de estilo, siga a correnteza; em matéria de princípios, seja uma rocha.

THOMAS JEFFERSON

Não é o grito, mas o voo do pato selvagem
que faz com que o bando o siga.

PROVÉRBIO CHINÊS

Liderança é ação, não uma posição.

DONALD H. MCGANNON

Autoconfiança é dois terços do sucesso.

PROVÉRBIO CELTA

Um capitão corajoso é uma raiz da qual brota, como um galho, a coragem dos soldados.

SIR PHILIP SIDNEY

Se o líder tem grandes ambições e persegue suas metas com audácia e força de vontade, ele conseguirá alcançá-las, apesar dos obstáculos.

CARL VON CLAUSEWITZ

O líder carismático conquista e mantém sua autoridade apenas por provar sua força na vida.

MAX WEBER

Qualquer um pode assumir o leme quando o mar está calmo.

PÚBLIO SIRO

É difícil comandar um ataque da cavalaria se você não se sente confortável montando um cavalo.

ADLAI STEVENSON

A única forma de contornar é atravessar.

ROBERT FROST

Um exército de ovelhas comandado por um leão derrotaria um exército de leões comandado por uma ovelha.

PROVÉRBIO ÁRABE

Um líder deve ter a coragem de contrariar o conselho de um especialista.

JAMES CALLAGHAN

"Segurança em primeiro lugar" é o lema da humanidade há meio milênio, mas nunca foi o lema dos líderes. Um líder deve encarar o perigo. Deve assumir o risco e a culpa, e enfrentar o impacto da tempestade.

HERBERT N. CASSON

Se a ideia é boa, leve-a adiante. É mais fácil pedir desculpas do que pedir permissão.

GRACE HOPPER

Não tenha medo de dar um passo grande quando necessário. Não se pode cruzar um abismo com dois passinhos.

DAVID LLOYD GEORGE

A maioria das empresas não acaba devido a erros cometidos; a maioria acaba devido a falta de comprometimento. É preciso ter um líder forte que determine a direção a ser seguida. E não é preciso que seja a melhor direção, basta que seja firme e clara.

ANDY GROVE

Líderes são visionários pouco familiarizados com o medo e que desprezam as probabilidades adversas.

DR. ROBERT JARVIK

PARTE 5

DISCIPLINA

Os cumes das montanhas inspiram os líderes, mas é nos vales que eles amadurecem.

WINSTON CHURCHILL

Todos os homens podem suportar adversidades, mas se você quiser testar o caráter de um homem, dê-lhe poder.

ABRAHAM LINCOLN

Não é justo pedir que os outros façam o que você mesmo não está disposto a fazer.

ANNA ELEANOR ROOSEVELT

Exemplo é liderança.

ALBERT SCHWEITZER

O que não puderes cumprir, não ordenes.

SÓFOCLES

Metade do mau causado neste mundo é obra de pessoas que querem se sentir importantes. Elas não fazem por mal... Estão absorvidas na incessante luta para se sentirem bem consigo mesmas.

T. S. ELIOT

Esteja disposto a tomar decisões: esta é a qualidade mais importante de um bom líder. Não seja vítima do que eu denomino síndrome "preparar-apontar-apontar-apontar-apontar". Você precisa estar pronto para disparar.

GEORGE S. PATTON

A velocidade do líder determina a marcha do pelotão.

D. WAYNE LUKAS

O cavalo determinado, que tentará ganhar a corrida por si mesmo, correrá ainda mais rápido se for encorajado.

OVÍDIO

Uma comunidade é como um navio: todos devem estar prontos para assumir o leme.

HENRIK IBSEN

Pois se a trombeta emitir um som hesitante,
quem irá se preparar para a batalha?

SÃO PAULO

Tenha paciência. Todas as coisas são difíceis antes que se tornem fáceis.

SAADI SHIRAZI

Dispensar um homem é sempre mais fácil do que treiná-lo. Nenhum grande líder construiu sua reputação demitindo pessoas, porém muitos tornaram-se notáveis aperfeiçoando-as.

ANÔNIMO

Eu sou um homem de princípios fixos e rígidos – e o primeiro deles é ser flexível.

EVERETT DIRKSEN

Para liderar as pessoas é preciso dar as costas para elas.

HAVELOCK ELLIS

Liderança consiste em fazer com que as pessoas ganhem confiança ao ver como você reage. Se você está no comando, elas estão no comando.

TOM LANDRY

Em poucas palavras, o líder é alguém que sabe aonde quer ir, levanta-se e vai.

JOHN ERSKINE

Liderança não se compõe de atributos técnicos, mas de traços de caráter. Em vez de esforço atlético ou intelectual ela exige um esforço moral, e impõe tanto ao líder como aos liderados o fardo do comedimento.

LEWIS H. LAPHAM

Com grande poder vêm grandes reponsabilidades.

STAN LEE

E quando acreditamos que estamos liderando,
é quando mais somos liderados.

LORD BYRON

coordenação editorial: José Enrique Barreiro
produção editorial: Fernanda Cosenza
capa e projeto gráfico: Folio Design
diagramação: Bettina Muzzio
tradução: Julia Debasse
revisão: Gabriel Galeffi

Versal Editores Ltda.
Rua Jardim Botânico, 674 – sala 315
22461-000 – Rio de Janeiro – RJ
Tel.: +55 21 2239-4023
versaleditores.com.br

CIP-BRASIL. CATALOGAÇÃO-NA-FONTE
SINDICATO NACIONAL DOS EDITORES DE LIVROS, RJ

P792c

Pockell, Leslie
100 lições de liderança : dos maiores líderes de todos os tempos / Leslie Pockell, Adrienne Avila ; tradução Julia Debasse. - 1. ed. - Rio de Janeiro : Versal, 2015.
128 p. ; 19 cm.

Tradução de: The 100 greatest leadership principles of all time
ISBN 978-85-89309-66-0

1. Liderança. 2. Comunicação interpessoal. 3. Motivação no trabalho. I. Avila, Adrienne. II. Título: Cem lições de liderança : dos maiores líderes de todos os tempos.

15-23855 CDD: 658.4092
CDU: 005.322:316.46

19/06/2015 23/06/2015

Este livro foi composto em Berthold Akzidenz
Grotesk e impresso em papel offset 90g pela
RR Donnelley, em junho de 2015.